Glienke/Hierhager

Schlüter

SCHLEPPER IM EINSATZ

Literatur für Schlepper – Oldtimer – Freunde

SCHWUNGRAD-VERLAG

Armin Bauer, Hägewiesen 8, D-31311 Obershagen, Tel.: 05147/8337, Fax: –7543, e-mail:info@schwungrad.de

Titelbild: Der Profi Trac 5000 TVL ist der größte bisher in
Europa gebaute Traktor. Für dieses Einzelstück wurde ein
12-Zylinder-Dieselmotor von MAN mit 20,9 l Hubraum
und 500 PS verwendet.
Rückseite: Ein Super Trac VL-LS vor einem 7-scharigen
Rabe Aufsattel-Beetpflug in der hügeligen Landschaft
der Holsteinischen Schweiz

Die Deutsche Bibliothek - CIP-Einheitsaufnahme

Ein Titelsatz für diese Publikation ist bei
Der Deutschen Bibliothek erhältlich

© 2000 Schwungrad-Verlag
Armin Bauer, Hägewiesen 8
D-31311 Obershagen
Tel.: 0 51 47/83 37, Fax: 0 51 47/75 43
e-mail: info@schwungrad.de
Internet: http://www.schwungrad.de

Druck und Verarbeitung: Medienhaus Cramer, Greven

ISBN 3-933426-03-0

Vorwort

Schlüter-Traktoren waren schon immer etwas Besonderes. Einerseits sicherlich dadurch bedingt, daß man sie aufgrund der geringen Stückzahlen nicht auf jedem dritten Feld antraf und andererseits besonders durch ihr markantes und imposantes Erscheinungsbild.

Als 1993 die Produktion der Schlüter-Traktoren im Standort Freising eingestellt wurde, konnte das mittelständische Unternehmen auf eine fast einhundertjährige Familientradition zurückblicken. Ende des neunzehnten Jahrhunderts, genau im Jahre 1899, gründete der 31-jährige Anton Schlüter in München einen Betrieb zur Reparatur von Maschinen und Gasmotoren. Bald darauf nahm er die Motorenfertigung auf, die von Vergaser- über Glühkopf- zu Dieselmotoren führte. Da der junge Schlüter mit der Landwirtschaft groß geworden war, war die Entwicklung eines Schleppers fast logisch vorgegeben. 1937 wurde schließlich der erste Schlepper mit 14 PS präsentiert. Trotz des Zweiten Weltkrieges und der schweren Zeit des Wiederaufbaus gelang es ihm, sich auf dem deutschen Schleppermarkt zu etablieren. Als Anfang 1949 der Firmengründer starb, übernahm die Führung des Unternehmens sein ältester Sohn, der aber 1957 verstarb. Von nun an lag die Führung des Unternehmens bei Anton Schlüter, dem 1915 geborenen Enkel des Gründers. Er leitete den Familienbetrieb

durch die sich technisch rasant entwickelnde und vom harten Verdrängungskampf gekennzeichnete zweite Hälfte des zwanzigsten Jahrhunderts. Die Schlüter Super-Schlepper, die Compact-Modelle sowie die Produktion der Trac-Baureihen „Super", „Profi" und „Euro" fielen in diese Ära. Durch immer neue technische Innovationen, wie die hydraulisch kippbare Kabine, das 50 km/h „High-Speed" Getriebe und nicht zuletzt durch den stärksten Schlepper Europas gelang es Schlüter, Meilensteine in der Traktorenentwicklung zu setzen.

Die vergangenen vier Jahrzehnte sind es auch, die den zeitlichen Hintergrund für dieses Buch bilden. Beim Betrachten des Bildbandes, das kein Fachbuch sein will, mögen Erinnerungen wach werden oder nur ein wenig der Reiz einer legendären Traktorenmarke faszinieren.

Auf eine strenge Einteilung nach Typen oder Baureihen wurde bewusst verzichtet, damit der unterhaltende und abwechslungsreiche Charakter des Buches beibehalten wird. Einziges Ordnungskriterium ist die zeitliche Entwicklung von ca. 1960 bis zum Produktionsende. Um auch bei den Leistungsangaben einen zeitlichen Bezug herzustellen, erfolgten die Angaben in PS und nicht in der heute gültigen Einheit Kilowatt.

Zu den Autoren

Peter Glienke, geboren 1957 in Winnigstedt (Niedersachsen), lebt heute mit seiner Familie in einem Dorf am Südrand der Lüneburger Heide. Nach einem Maschinenbaustudium ist er als Ingenieur an der Physikalisch-Technischen Bundesanstalt in Braunschweig tätig. In seiner Jugend interessierte auch er sich, wie viele andere Jungen seiner Generation, für Autos, Flugzeuge und Eisenbahnen. Im Laufe der Jahre verlagerte sich das allgemeine technische Interesse an Fahrzeugen mehr und mehr in Richtung landwirtschaftliche Maschinen. Aus der Neigung wurde Begeisterung und Faszination. Einmal von der Sache gefesselt, zog er immer wieder los, um Traktoren und andere Landmaschinen im alltäglichen Einsatz zu sehen und im Bild festzuhalten.

Mit der Zeit entwickelte sich eine Vorliebe für Traktoren aus deutscher Produktion – ganz oben standen dabei die Schlüter-Schlepper. So war er immer – und ist es noch – auf der Suche nach Motiven mit Schlüter-Traktoren, auch wenn diese „Boliden des Ackers" immer seltener werden. Auch Enttäuschungen, wie unzumutbare Wetterverhältnisse oder ein durch ein Großserienprodukt ersetzter Schlüter, minderten seine Leidenschaft nicht.

Mit der zu Ende gehenden Schlüter-Ära wuchs bei ihm immer stärker der Wunsch, einem interessierten Kreis die bärenstarken Schlepper näherzubringen und sie ein wenig an der Faszination teilhaben zu lassen.

Manfred Hierhager, Jahrgang 1974, ist auf dem elterlichen Landwirtschaftsbetrieb in Schaidenhausen/Bayern groß geworden. Seine ersten Fahrstunden mit Schlüter-Schleppern machte er bereits als Dreijähriger, wenn auch mehr in seiner Phantasie, auf dem in der Scheune abgestellten und stillgelegten DS 25 sitzend. Ein paar Jahre später durfte er wirklich ans Lenkrad des „Roten", wie der S 450 Baujahr 1963, jahrzehntelang genannt wurde, da es der erste Schlüter in roter Farbe auf dem „Kastelbauer"-Hof war. Wer hätte damals gedacht, daß es 35 Jahre dauern würde, bis er wieder einen Bruder aus Freising zur Seite gestellt bekommt. Doch ein guter Händler im Ort, und der immer schon stolze Preis der Schlüter Traktoren führte dazu, daß ein anderes Schlepperfabrikat gekauft wurde. Aber die Verbundenheit zu den „Bärenstarken" blieb all die Jahre erhalten, schon alleine wegen der Nähe zu Freising. So wundert es nicht, daß die Feldvorführungen auf Gut Schlüterhof immer ein Höhepunkt im Jahreskalender waren. Durfte Manfred doch sogar, von seinen Eltern genehmigt, an diesem Tag immer die Schule schwänzen. Da ihn die wenigen alten Fotos, auf denen die landwirtschaftlichen Arbeiten aus früherer Zeit zu sehen waren, sehr faszinierten, machte er sich bald selbst daran, die aktuelle Landtechnik zu fotografieren.

Heute ist er selbst Besitzer eines Super 650 V Baujahr 1966 und arbeitet als Schreiner. Doch die Landwirtschaft ist ein großes Hobby von ihm.

Peter Glienke, Schwarzer Weg 26, 38542 Leiferde

Manfred Hierhager, Ringweg 4a, 85376 Schaidenhausen

Ein S 350 mit 34 PS
3-Zylinder-Schlüter-
Motor bei der
Unkrautbekämpfung
im Weizen.

Ein S 350 der zweiten Ausführung, äußerlich erkennbar an den direkt an der Motorhaube befestigten Scheinwerfern beim Gras zetten im Freisinger Moos.

Die grüne Farbe war Anfang der 60er Jahre noch Standard, Rot gab es nur gegen Aufpreis! Der S 350 bereitet mit dem Kultivator das Saatbett für die Sommergerste.

19000 Betriebsstunden auf dem Zähler, der S 450 von Franz Hierhager, Baujahr 1963, 42 PS, 3-Zylinder-Motor.

Ab 1964 auch als Allradschlepper erhältlich: der S 450 V mit 42 PS, 3-Zylinder-Schlüter-Motor.

Der 56 PS starke S 650 V mit Spezial- forstausrüstung gehört Bernhard Heinel aus Zolling bei Freising.

Unverkäufliches Prachtstück und immer noch in den Händen des Erstbesitzers, S 900 V, 80 PS 6-Zylinder-Schlüter-Motor.

Ein Super 500 V mit 52 PS 4-Zylinder-Schlüter-Motor. Aufgenommen nach der Ährenbehandlung im Weizen.

Wie gemacht
fürs Silo walzen,
der Super 650 V
mit 65 PS 6-Zylinder-
Schlüter-Motor von
Manfred Hierhager.

Mit der Rundballen-
presse Claas Rollant
250 ist der Super
650 V mit 72 PS
schon hart an der
Leistungsgrenze.

Super 750, 75 PS, mit Mengele Ladewagen auf dem Hof von Martin Sellmeier in Dörnbach bei München.

Bei der Bodenbearbeitung für die Winterweizensaat: ein Super 750 V mit 75 PS 6-Zylinder-Schlüter-Motor und 3 m Kreiselegge.

In sehr gutem
Zustand präsentiert
sich dieser Super
950 V mit 95 PS
Motorleistung

Schlüter Super 950 V mit Fritzmeier-Verdeck aus dem Jahr 1969.

Ein Super 450 mit 45 PS und 3-Zylinder-Schlüter-Motor auf einem der letzten Bauernhöfe innerhalb der Stadt Freising.

Der Super 550 S hat gegenüber dem normalen Super 550 ein stärkeres Getriebe aufzuweisen.

1969 wurde dieser Super 550 V (55 PS) ausgeliefert, seitdem arbeitet er auf dem „Bauernschreiber"-Hof in Giggenhausen bei Neufahrn. Hier zu sehen bei der Heuernte im Jahr 2000.

Er züchtet Büffel und arbeitet mit „Bären", Joseph Wiesheu aus Sickenhausen, Kreis Freising. Hier auf seinem Super 850 V mit 85 PS und 6-Zylinder-Schlüter-Motor.

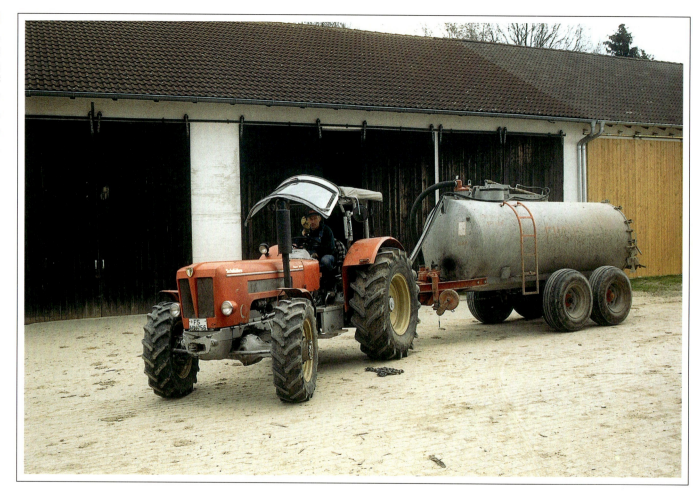

110 PS starker Super 1250 V, mit nachträglich aufgebauter Kabine. Im Hintergrund sind die Schlüter-Türme vom Werk in Freising zu sehen.

Dieser Super 1250 V mit 115 PS erhielt von seinem Besitzer ein Eigenbau-Fronthubwerk, das in Qualität und Stabilität seinesgleichen sucht.

Super 650 V, 72 PS
6-Zylinder-Schlüter-
Motor mit einem
3-Schar Pflug von
Lemken

Vor dem kleinen Jauchefaß wirkt sogar der relativ kleine Compact 850 mit 80 PS groß.

Dagegen macht dieser Schlüter Compact 850 vor dem schweren 2-achsigen Brimont-Containeranhänger einen eher schmächtigen Eindruck.

Maissilage in Großeisenbach. Mit dem großen Baas-Frontlader verteilt und walzt der Compact 850 V das angelieferte Erntegut spielend.

Compact 850 V
mit 80 PS vor einer
Claas Markant 52
Ballenpresse.

Ein Super 850 V
mit 85 PS beim
Heupressen in der
Nähe von Freising.

„20 Jahre Waldarbeit" war auf diesem Super 950 V mit 95 PS zu lesen. Zu sehen war der Forstschlepper beim Schlütertreffen 1999 in Dauborn/Hessen.

Typisch für die Schlepper der 60er und 70er Jahre war das Fritzmeier-Verdeck, hier bei einem Super 950 V mit angebautem Beetpflug.

Der 95 PS starke Compact 950 TV konnte wahlweise mit Schlüter-Kabine oder mit Fritzmeier-Verdeck ausgestattet werden.

Durch Leistungssteigerung von 95 auf 100 PS entstand aus dem 950er der Super 1050 V. Von 1974 bis 1987 wurden von diesem Typ in verschiedenen Versionen rund 900 Einheiten gefertigt.

Gut erhalten: ein Super 1250 VL mit 125 PS beim Befüllen des Güllefaßes.

Betagt, aber nicht totzukriegen: ein Super 1250 VL (Bj. 1973) beim Pflügen in Sachsen-Anhalt.

1995 entstand
dieses Foto von
einem Super
1250 VL mit Zwil-
lingsbereifung und
Bestellkombination.

Compact 850 V mit
85 PS 4-Zylinder-
Schlüter-Motor bei
der Maisernte.

Ein 85 PS starker
Compact 850 V
beim Pferdemist
streuen mit einem
8 t Dungstreuer
von Unsinn.

Die Kabine wirkt etwas überproportioniert am Schlüter Compact 1050 TV.

Benno Schranner aus Sichersdorf beim Heupressen mit seinem 105 PS starken Super 1050 V, Baujahr 1976.

Wegen des Stoll-Frontladers wurden die Scheinwerfer bei diesem 1250er in den Kühlergrill eingelassen.

Ein Claas Dominator 85 belädt die Wagen eines Schlüter Super 1250 VL während der Weizenernte 1985.

Inzwischen fährt dieser Landwirt einen grünen Traktor, doch 1999 konnte man ihn noch mit einem Super 1250 VL mit 125 PS und einer Krone Rundballen- presse sehen.

Beim Schlüter-Motor im Super 1500 TV wurde erstmals ein Turbolader verwendet.

Im Erdinger Moos pflügte dieser Super 1500 TV mit 135 PS das abgeerntete Maisfeld.

In der hügeligen
Landschaft von
Ostholstein ist dieser
ältere Schlüter Super
1500 TVL im Einsatz.

Imposante Zwillings-bereifung an einem Schlüter Super 1500 TVL. Der mittlerweile 25 Jahre alte Schlepper lief im Jahr 1998 zusammen mit einem Super 2000 TVL und einigen MB-Tracs auf Gut Saxtorf in Schleswig-Holstein.

Auch 1978 wurden noch Schlüter-Traktoren mit Hinterradantrieb gekauft. Hier ein Compact 850, mit 4-Zylinder-Schlüter-Motor und 85 PS.

Einer der meist
verkauften Typen
von Schlüter war
der Compact 850 V
mit 85 PS, hier beim
Eggen im bayrischen
Alpenvorland.

Ein Compact 850 V
mit Stoll Frontlader
beim Beladen eines
Hufgard Kalkstreuers,
gezogen von einem
Compact 1050 V 6.

Nicht mehr straßen-
zugelassen ist dieser
1500er Schlüter.
Er wird von einem
Tiefbauunternehmen
zu Drainagearbeiten
eingesetzt.

Von der Scholle bis zum fertig bestellten Feld, und das alles in einem Arbeitsgang. Ein Super 1050 V mit 105 PS und einer Gerätekombination von Lemken.

Durch die guten Kaltstarteigenschaften der Schlüter-Diesel-Motoren auch im Winter immer einsatzbereit: Super 1250 VL, 125 PS, mit 4 Schar Volldrehpflug.

Rationelle Maisaus-
saat mit einem
Super 1250 VL
Special, 130 PS,
6-Zylinder-Schlüter-
Motor.

Häckselt seine 25 ha Mais immer noch selbst: Herbert Schredl aus Pallhausen, Landkreis Freising, mit seinem Super 1250 VL mit 125 PS und angebautem zweireihigen Mengele Maishäcksler.

Anfang der siebziger Jahre wurde der Super 1500 TV produziert. Er besaß einen 6-Zylinder-motor mit 135 PS.

Umbau eines Super 1500 zum „Trike"! Eineinhalb Meter länger als die Standardausführung und trotzdem sehr wendig. Das Gewicht wird über die Terra-Bereifung auf die gesamte Fahrzeugbreite verteilt.

Für den 3-reihigen Bunkerköpfroder von Schmotzer sind die 150 PS des Super 1500 TVL sicherlich nicht zu wenig.

Vom jahrelangen Einsatz gezeichnet: Ein Super 1500 TV in Mecklenburg-Vorpommern.

Über 20 Jahre hat dieser Super 2000 TVL auf dem Buckel.

Mittagspause für zwei Super 2000 TVL, die jeweils mit Aufsattel-Volldrehpflügen bestückt sind.

Der Lemken Gigant 900 ist genau das richtige Gerät für den Profi Trac 3000 TVL mit 280 PS 6-Zylinder-MAN-Motor.

810 PS Leistung haben diese drei Schlepper zusammen: Profi Trac 3500 TVL, Profi Trac 3000 TVL und Profi Trac 2200 TVL. Zu sehen beim 4. Feldtag der Schlüter-Freunde Hessen 1999.

Schlüters stärkster serienmäßig (4 Stück!) hergestellter Schlepper war der Profi Trac 3500 TVL. Der MAN-Motor mit Turbolader und Ladeluftkühlung leistete 320 PS.

Er war der größte Profi Trac mit Schlüter-Motor im Programm: der Profi Trac 2200 TVL mit 210 PS, hier gut zu sehen die Vierradlenkung.

Der Super 2000 TVL ist mit einem 8-Zylinder-Schlüter-Motor ausgestattet. Seine Leistung beträgt 185 PS bei einem Hubraum von 9503 ccm.

Ein Super 2000 TVL und ein MB-Trac 1500 vor schweren Scheibeneggen von Rabe. Das Foto entstand 1989 auf dem Gut Schmoel bei Kiel.

Helmut Härtl aus
Großeisenbach
beim Pflügen mit
seinem 185 PS
starken Super 2000
TVL mit 8-Zylinder
Schlüter-Motor.

Früher Winterein-
bruch im Harzvor-
land! Trotz des
Schnees wird der
Super 2000 TVL
keine Probleme
haben, die Rüben
sicher zur Zucker-
fabrik Schladen zu
transportieren.

Gut 300 mal wurde
der Super 2000 TVL
in der Zeit von 1975
bis 1984 gebaut.
Er wurde auf vielen
Großbetrieben
eingesetzt, da nur
Schlüter damals
Schlepper in dieser
Leistungsklasse
anbot.

Dieser jugendliche Fahrer war mit dem Super 2000 TVL beim Schlütertreffen in Dauborn 1997 zu sehen.

Super E 9500 TV war die Exportbe- zeichnung vom Super 2000 TVL. Diesem hier abgebil- deten Exemplar wurde nach einem Motorschaden ein 6-Zylinder Scania LKW-Motor eingebaut.

Ein wahrer Gigant ist der Schlüter Profi Trac 5000 TVL. Das Einzelstück wurde 1978 gebaut und ist nach wie vor der stärkste Schlepper Europas. Einige tech. Daten: MAN-12-Zylindermotor, Hubraum 20,9 l, 500 PS, Leergewicht 18 t.

Wäre die Wiederver-
einigung ca 10 Jahre
früher gekommen,
hätte der Schlüter
Profi Trac 5000 TVL
in Deutschland
vielleicht eine
Chance gehabt.

Noch ein, zwei Ballen und die Ernte ist eingefahren. Ein Compact 850 V mit 85 PS und einer Welger Schleuderpresse.

An der Aigner Fronthydraulik ein Stern-Packer von Köckerling, im Heckanbau eine 3 m Kreiselegge. Für den Compact 950 V 6 mit 90 PS kein Problem.

Vorbereitung zum Rüben drillen mit einem Schlüter Compact 1050 V6, in dem ein 100 PS leistender MAN-6-Zylindermotor arbeitet.

Ein Compact 1050 V 6 mit 100 PS beim Kalk streuen.

Da sich der Fahrer des Wickelgerätes nicht an den Hang im Hintergrund traute, mußte der Compact 1250 TV 6 die Ballen eben zum Gerät fahren. Bergbauern werden da wohl nur milde lächeln.

Ging leider nicht in Serienfertigung, der Prototyp Compact 750 V 4 mit 70 PS 4-Zylinder-MAN-Motor.

Die überbetriebliche Grassilagebereitung löst auch in Bayern immer mehr die traditionelle Heuernte ab. Ein Super 1250 VL-Special mit 130 PS vor einem Unsinn Kipper.

Mit schwerer
Bodenfräse:
Ein Super 1250 VL
Special mit 130 PS.

Aussaat von Winter-
weizen in Schleswig-
Holstein. Vor dem
Anhänger befindet
sich ein Super
1250 VL. Am terra-
bereiften Super 1500
TVL Special im
Hintergrund ist eine
4-m-Kombination
Kreiselegge-Drillma-
schine angebaut.

Wie aus dem Bilderbuch: Zwei Schlüter-Schlepper auf dem Gut Wiebrechtshausen bei Göttingen. Im Vordergrund ist ein Super 1250 VL zu sehen, auf dem Gutshof ein Super 2000 TVL.

Ein erfolgreiches Produkt aus dem Hause Schlüter war der Super 1250 VL mit dem bewährten 125 PS 6-Zylinder-Motor.

Ohne zusätzliche Frontgewichte ist der Super 1500 TVL für den schweren Gassner 5-Schar Volldrehpflug fast zu leicht.

Grassilagegewinnung im Pullinger Moos, in der Nähe von München, im Frühjahr 2000. Ein Super 1500 TVL Special mit 165 PS neben einem Claas Jaguar 860.

Die Zuckerfabrik wartet nicht auf schönes Wetter. Also muß der Super 1500 TVL Special auch bei schweren Bodenverhältnissen ran.

Mit einer Rückfahr-
ausrüstung ausge-
statteter Schlüter Su-
per 1500 TVL beim
Einsatz mit einem
6-reihigen Köpfroder
von Kleine. Die im
Schwad abgelegten
Rüben werden
anschließend aufge-
nommen, gereinigt
und verladen.

Schwere Zugarbeiten, wie hier das Abfahren von zwei 16-t-Anhängern, sind eine Stärke der Schlüter-Traktoren. Im Bild ein Super 1500 TVL von 1981.

Super Trac 1600 TVL,
165 PS, 6-Zylinder-
Schlüter-Motor, mit
Zwillingsbereifung.

Die Super Trac Schlepper, hier ein 1600 TVL, wurden von 1980 bis 1993 gebaut. Sie besaßen im Gegensatz zu den Profi-Traktormobilen keine Allradlenkung.

Recht beeindruckend mit der breiten Terra-Bereifung wirkt dieser Schlüter Super Trac 1600 TVL. Er versah seinen Dienst auf der Domäne Steinhorst bei Bad Oldesloe.

An der inzwischen stillgelegten Zuckerfabrik Königslutter wartet ein Super Trac 1600 TVL auf die Entladung seines 24-t-Anhängers.

Ein Super 1500 TVL
vor einem Krampe
Kipper mit
Tandemachse.

In erster Linie zum Steine sammeln dient diese etwas eigenwillige Frontladerkonstruktion an einem Super 1500 TVL Special.

Auf dem Hof eines Landwirtes im Kreis Wolfenbüttel stehen ein Super 1500 TVL und ein Fendt 612 LSA abfahrbereit zur Zuckerfabrik Schladen.

Zur Saatbettbereitung wurde der Super 1500 TVL-LS Special mit bodenschonender Terra-Bereifung ausgerüstet. Dieser Typ war der erste Schlepper, der mit der von Schlüter entwickelten zweistufigen Lastschaltung ausgestattet wurde.

Im Super Trac 1600 TVL verrichtet ein 165 PS Schlüter-Motor mit 7,4 l Hubraum seinen Dienst.

Ein Foto, bei dem es vielleicht gelungen ist, Technik und Natur miteinander harmonisieren zu lassen.

Frontpacker und Terra-Bereifung, 4-m-Kreiselegge mit Drillmaschine - so ausgestattet arbeitet der Super Trac 1900 TVL schlagkräftig aber trotzdem bodenschonend.

Zwei Schlüter Super Trac 1900 TVL-LS während einer Arbeitspause auf dem Gut Altbokhorst östlich von Neumünster.

Die Busch- und Baumgruppe bildet einen reizvollen Hintergrund für den 1900er Super Trac.

Der Super Tronic Trac 1900 TV-LS kann weder fliegen noch auf Güterwaggons fahren - auf der gegenüberliegenden Seite befindet sich eine Verladerampe.

Jeweils 200 PS leisten die Schlüter-8-Zylinder-Motoren im Super 2000 TVL Special und im Super Trac 2000 TVL.

Gegen Aufpreis konnte man sich seinen Schlüter auch in dieser brilliantroten Metallic- Lackierung bestellen. Ein Super Trac 1900 TVL mit einem Fliegel Abschiebewagen.

Mit einer Motorlei-
stung von 185 PS ist
der Super 1800 TVL
Special der stärkste
Schlepper mit
Schlüter-6-Zylinder-
Motor.

Ein Super 1800 TVL
Special beim
Wiesenumbruch in
Obermarbach,
Landkreis Dachau.

Der Super Tronic 1900 TV-LS wurde lediglich sechsmal im Jahr 1987 gebaut.

Mit dem elektronisch gesteuerten ZF-Lastschalt-Getriebe T 6535 wurden die sechs Exemplare des Super Tronic 1900 TV-LS ausgestattet. Die Motorleistung des Schleppers beträgt 185 PS.

Ein Schlüter Super
2000 TVL mit einem
6-furchigen Volldreh-
pflug von Lemken.

Zwei Schlüter Super
2000 TVL Special.
Die Special-Version
besaß gegenüber
dem 2000 TVL
einen hubraum- und
leistungsstärkeren
Motor.

Dieser Super 1900 TVL-LS wurde im Gegensatz zu seinen Kollegen gleichen Typs mit einem MAN-Motor ausgerüstet. Im Einsatz mit einem zapfwellenbetriebenen Tiefenlokkerungsgerät von Kaelble.

Vorbereitung auf einen langen Arbeitstag: ein Super 2000 TVL und ein Super Trac 2000 TVL auf Gut Steinhorst/Holstein.

Im Zeitraum von 1981 bis 1988 fertigte Schlüter insgesamt 32 Super Trac 2000 TVL.

Auf sehr schwerem und steinigem Boden am Rande des Elms mußte sich dieser Super Trac 2000 TVL mit einem 6-furchigen Volldrehpflug durchbeißen.

Mit seinen 200 PS hat dieser Super Trac 2000 TVL auch mit der 4 m Saatbeet-kombination, Lemken Kompaktor K 400, keine Probleme.

200 PS leistet der 8-Zylinder-Schlüter-Motor im Super Trac 2200 TVL-LS. In der Nähe von Fürth wurde dieses Bild aufgenommen.

Insgesamt 41 mal wurde der Schlüter Super 2500 VL im Zeitraum von 1980 bis 1987 gebaut. Dieser steht im Dienst eines Lohn-unternehmers aus Niedersachsen.

Schlüter Super
2500 VL mit
einem 6-furchigen
Aufsattel-Beetpflug
von Rabe.

Ein Schlüter Super
2500 VL und ein
Super Trac 2000 TVL
des bekannten Guts-
betriebes Rantzau.
Beide Schlepper
mußten Anfang der
neunziger Jahre ihren
Platz für zwei John
Deere-Schlepper
räumen.

Für kleine Hallentore
ungeeignet:
Super 2500 VL mit
Zwillingsbereifung.

Der Super 2200 TVL
wurde als Prototyp
für die Erprobung des
neuen elektronischen
ZF Getriebes gebaut.
Heute ist der mit
einem 8-Zylinder-
Schlüter-Motor
(210 PS) ausgerüstete
Schlepper im Besitz
eines Schlüter-Fans
aus der Hallertrau.

Durch den Vorteil der kippbaren Kabine kann der ganze Fahrzeugrumpf vom Motor bis zur Hinterachse in Sekunden freigelegt werden, wie es bei diesem Super Trac 2500 VL-LS mit 240 PS gut zu sehen ist.

Die 240 PS, die der aufgeladene Motor im Super Trac 2500 VL-LS leistet, sind auch notwendig, um den 7-scharigen Kverneland-Pflug zu ziehen.

Imposante Erscheinung: Durch die breiten Reifen wirkt der 10 t schwere Super Trac 2500 VL-LS noch stärker. Nur drei Exemplare mit Lastschaltung wurden im Jahr 1989 gebaut.

Die Zwillingsbereifung ist für den über 10 t schweren Super Trac 2500 VL mit angehängter Rabe-Scheibenegge notwendig, um sich nicht auf dem weichen Boden festzufahren.

Dieser Zug mit dem 280 PS starken Profi Trac 2500 TVL braucht sicherlich keine Steigung und kein schweres Gelände zu fürchten.

Die Staatl. Versuchs-
güterverwaltung
Grub bei Poing setzt
den Super Trac 2500
TVL fast nur zur
Maisernte ein. Dieser
Schlepper war der
einzige Super-Trac,
der mit Hinterrad-
lenkung ausgestattet
war.

Der Super 3000 TVL war bei seinem Erscheinen Anfang der 80er Jahre ein Schlepper von beeindruckender Größe und Leistung.

Der 1981 gebaute Super 3000 TVL auf Gut Wahlstorf bei Plön wurde bis 1999 im wesentlichen für schwere Pflugarbeiten eingesetzt.

Einsatzpause für einen Schlüter Super 3000 TVL auf Gut Blumendorf bei Bad Oldesloe/Holstein.

Bei 11,4 l Hubraum und dank eines Turboladers liefert der MAN-Motor im Super 3000 TVL 280 PS, genug Leistung für den 6-furchigen Anbau-drehpflug von Lemken.

In der Nähe von Oldenburg/Holstein war dieser 280 PS starke Super 3000 TVL zu Hause. Im Hintergrund sind die Getreidesilos von Gut Güldenstein zu sehen.

Im Schlüter Compact 950 V6-LS arbeitet ein MAN-Motor mit 95 PS. Der abgebildete Schlepper wurde 1992 gebaut und besitzt eine zweistufige von Schlüter entwikkelte Lastschaltung.

Dies ist der letzte
gebaute Compact
1050 V 6, er hat
einen 105 PS-MAN-
Motor und arbeitet
seit 1993 in
Pulling/Bayern.

Ein Compact 1250 TV 6 der letzten Generation, mit einem 120 PS-MAN-Motor beim Pflügen.

Frontpacker, 3-m-Kreiselegge und Drillmaschine am Schlüter Compact 1350 TV6-LS (130 PS).

Im Compact 1350 TV6 arbeitet ein 130 PS starker MAN-Motor. Hier in silberner Lackierung die 50 km/h schnelle "High-Speed"-Version.

„Schlüter - man gönnt sich ja sonst nichts" ist auf der Motorhaube von diesem Super 1250 VL-LS Special mit 130 PS zu lesen.

50 km/h schnell
fuhren die „High
Speed"- Versionen
der Schlüter Schlep-
per schon ab 1986,
somit war man der
Konkurrenz ca.
10 Jahre voraus. Hier
ein Super 1250 VL
Special mit 130 PS.

Der 5- Schar Anbau-Drehpflug von Niemeyer ist wohl offensichtlich eine Nummer zu groß für den Super 1300 LS mit 135 PS-MAN-Motor.

Schlüter Super 1600 TVL-LS und ein Super 1500 TVL Special auf dem Hof eines Lohnunternehmers im Kreis Plön.

Nur vier Exemplare wurden von dem Super Trac 1700 TVL-LS mit zweistufiger Lastschaltung in der Zeit von 1989 bis 1992 gebaut.

Die schlagkräftige Alternative zur zapfwellengetriebenen Bestellung. Ein LTS-Euro Trac 1700 LS mit einer Kverneland Saatbettkombination und Drillmaschine.

In den Jahren 1987 bis 1992 wurde der 1900er Trac lediglich 28 mal produziert.

Fast am Ende der Schlüter-Ära wurde dieser Super 1900 TVL-LS gefertigt. Er läuft in der landschaftlich reizvollen Gegend der Lauenburger Seen.

Ein Super 1900 TVL-LS Special mit 185 PS und einem 4,4 m Schwergrubber von Köckerling.

Insgesamt wurden 101 Euro Tracs gebaut, davon 69 in Freising und 32 bei der Landtechnik Schönebeck. Im Bild ein Euro Trac 1900 LS.

Vor dem Ladebunker von Unsinn läuft ein Euro Trac 1600 LS, das Roden der Rüben übernimmt ein 6-reihiger Köpfroder von Stoll, angebaut an einem Super Trac 2200 TVL-LS.

Durch die vier An- und Aufbauräume ist der Euro Trac sehr vielfältig einsetzbar. Wie dieser 1900 LS mit 190 PS und aufgebauter Spritzanlage. Die schmale Bereifung ist für den Pflanzenschutz natürlich Pflicht.

10-15% erhöhte Zugkraft durch das Verschieben des Belastungsgewichtes versprach Schlüter in seinen Prospekten. Ob dieser Wert in der Praxis wirklich erreicht werden kann, ist wohl zweifelhaft. Hier ein Euro Trac 2000 LS.

Der Super Trac 1900 TVL-LS wurde, bis auf eine Ausnahme, mit einem 185 PS starken Schlüter-Motor und zweistufiger Lastschaltung ausgeliefert.

Der letzte Super Schlepper aus dem Freisinger Werk wurde nach Stünzbach verkauft, es war ein Super 2000 LS mit einem 200 PS starken 6-Zylinder-MAN-Motor.

Super Trac 2200 TVL-
LS mit einem Unter-
grundlockerer der
Firma Müthing. Die
200 PS werden bei
dieser Arbeit auch
wirklich gebraucht,
um das Gerät richtig
einzusetzen zu
können.

Eines von nur drei Exemplaren mit dem 210 PS starken 6-Zylinder-Liebherr-Motor. Dieser Super Trac 2200 LS wurde im Jahr 1993 gebaut.

Ein Super Trac 2000 TVL und ein Super Trac 2200 LS beim Rüben roden in der Magdeburger Börde. Das Erntesystem besteht aus einem 6-reihigen Köpfroder und einem Ladebunker der Firma Kleine.

Auf den leichten Sandböden der auslaufenden Lüneburger Heide wurde dieser Super Trac 2200 TVL-LS eingesetzt. Der 7-furchige Aufsatteldrehpflug ließ sich zwar relativ leicht ziehen, aber dafür war der Verschleiß an den Scharen recht hoch.

Leider entstand von der geplanten kleinen Euro Trac-Baureihe nur dieser Prototyp. Der 100 PS starke Euro Trac 1000 CVT, der mit einem stufenlosen Kettenwandlergetriebe von Hurth ausgerüstet wurde.